JN440638

오늘의문학 특선시집 66

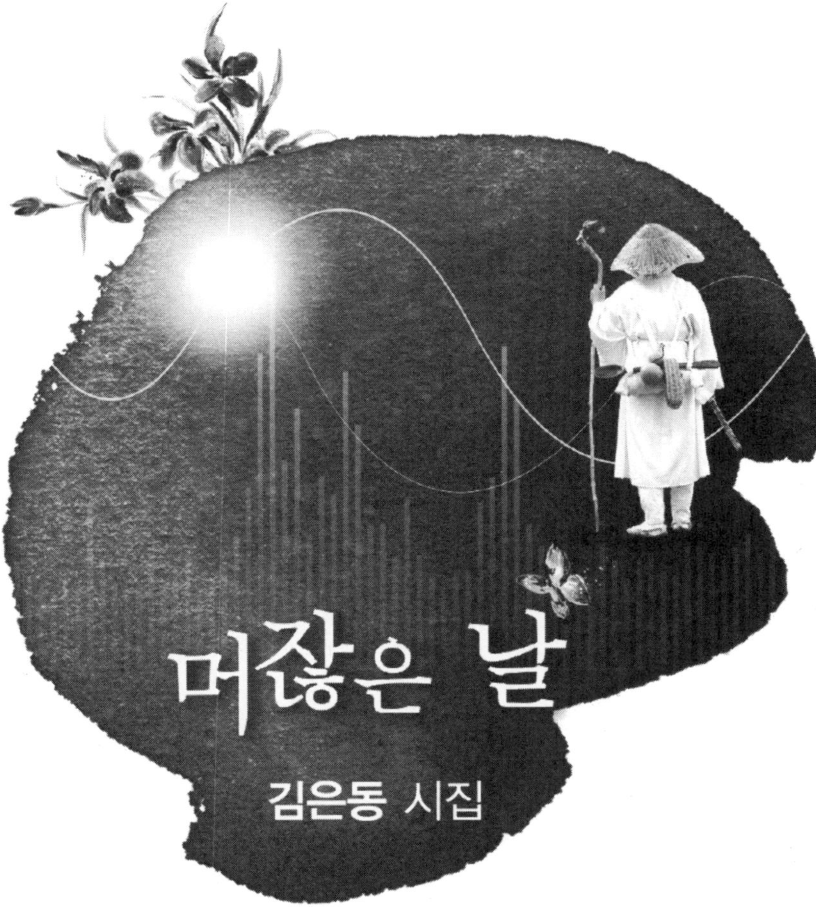

머잖은 날

김은동 시집

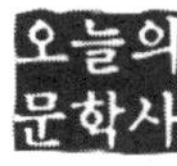

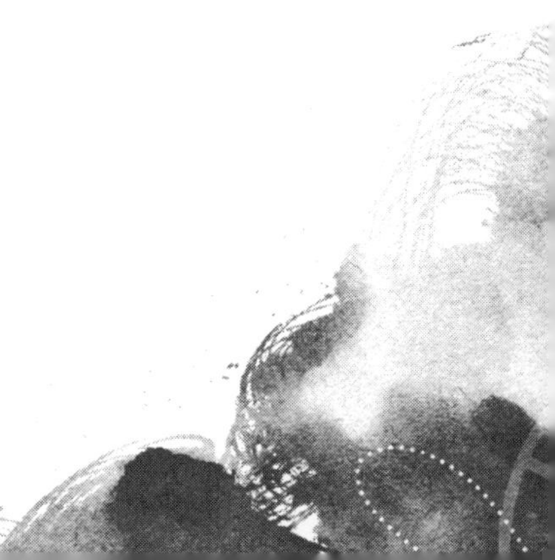

오늘의
문학사

국립중앙도서관 출판예정도서목록(CIP)

머잖은 날 : 김은동 시집 / 지은이: 김은동. -- 대전 :
오늘의문학사, 2018
p. ; cm. -- (오늘의문학 특선시집 ; 66)

ISBN 978-89-5669-945-5 03810 : ₩9000

한국 현대시[韓國現代詩]
811.7-KDC6
895.715-DDC23 CIP2018030634

머잖은 날

책머리에

봄 가고 여름 가고 이제 가을의 시작인가 봅니다.
그 푸르던 잎새들 시나브로 갈아입는 옷의 색채가 그러합니다.
이런 가을을 나는 몇 번을 맞고 보냈는지!
예순 아홉 번에 이제 하나를 더 더하여 70번째를 맞게 되었습니다.
하나 둘 숫자를 세어보면 금세 셀 숫자이건만
이렇게 다르고 새삼스러움은 무엇일까요?

우리가 사는 길은 서로 달라도 가는 길, 그 목적지는 똑같을 터인데,
살아가는 건 왜 그다지도 가지가지인지.
하기야 너나 나나 똑같은 삶을 살면 그 삶의 의미가 무엇이겠습니까?
서로 다른 사람끼리 어우렁더우렁 사는 게 그게 참 삶이 아닐까요?

가을!
농민의 깊은 시름과 피땀으로 얼룩진 오곡이 결실을 맺어
그 보람을 찾고 거두어들이는 이 계절!
가을은 누구나에게나 넉넉함과 후덕함을 주는 계절이 아닌가 싶어
가슴 뿌듯함을 가져보면서도 왠지 한 구석 허전함을 감출 수가 없습니다.
이 가을 하늘! 서산 너머 검붉게 타오르는 노을을 바라보며
다섯 번째 시집을 출간하게 되었습니다.

늘 부족하고 서투른 감정과 표현에, 어설픈 감성을 더해
한 땀 한 땀 엮듯 준비한 시집입니다.
많은 분들의 혜량과 격려로 여기에 내가 서 있고,
걸어 올 수 있었음을 깊이 감사드리며, 출간 인사에 갈음합니다.

東峰 김은동 드림

1부 진실만큼 좋은 건 없다

2부 너무 돌아보지 마라

3부 쉼터

4부 부처님 말씀

5부 의(義)

6부 공(功)

1부
진실만큼 좋은 건 없다

"어떻게 말할까" 하고
괴로울 때에는
진실을 말하라

<마크트웨인>

삶

그리 바람 불더니
빈 하늘 먹구름 몰리고
별들 초조한 눈빛으로
구름 사이 얼굴 내 밀고
세상을 본다.

그리 비 오더니
들녘엔 파란새싹 춤추고
마른 가지 가슴 풀고
하늘 향해 손짓한다.

그리 세상 원망하더니
달 빛 소주 한잔 마시고
구름 사이 파고든다.

그리 살아온 삶
좋은 세월 아니었지
오뚝이처럼 살아왔지
이제껏
나의 삶이려니 생각하며….

가치

마음 한 구석에
있으면서도 없는 듯이
갈대 마음 추스르며
삶을 이어갑니다.

만물의 영장이라
갖으려 욕심내고
허욕의 세월을 사노라니
조용할 날이 없습니다.

보이지 않고 볼 수도 없고
있는 듯 없는 듯 숨겨진 속내
혜안을 가졌다면
세상은 달라졌을 겁니다.

양심을 본 사람은 없지만
없는 듯 살아갑니다.
바르게 쓰는 양심
사람의 소중한 가치입니다.

생명

휘 늘어진 버들가지
바람에 날립니다.
흐르는 시냇물에 발 적시고
타는 목마름 잊은 채
이 더위 이 가뭄을
호위호가 보내고 있습니다.

무더위!
시냇물도 지쳐 갈대밭 사이로
몸을 숨겨 봅니다.
청둥오리 한 가족도
어느 새 망중한에 빠졌습니다.

바람만 스쳐도
넘어질 것 같은 빨간 접시꽃
돌 틈 사이 홀로 피어
애써 웃음 지으며
이 무더위 속에
한 생명을 지켜냅니다.

이는 바람

숨 멎은 고요
시작이 어디고
어디로 가는지 몰라도
바람은 자연을 깨우며
저만의 길을 간다.
내 가슴에
호수에 이는 바람

양을 닮은 듯
사자를 닮은 듯
친숙한 친구
멀리 할 수도 없는
가깝고도 먼 친구
바람이 이네.

참새 소꿉놀이
장난 끼 모습 보며
이는 바람 타고
불꽃놀이 가 볼까나.

존재 이유

네가 있어 내가 있고
내가 있어 네가 있다.
너와 나
있어도 좋고 없어도 좋은
그런 관계는 아니지.

내가 존재함은
네가 있기 때문이며
네가 존재함은
내가 있기 때문

떼려야 뗄 수 없는
그런 존재
너 없으면 나는 외로움
너와 나는 우리만이 갖는
살아 있는 행복
존재 이유지.

변화의 시대

세월이 빠르게 흐른다.
시계는 돌고 도는데
세월은 저 혼자서
잘도 흐르고 있다.

빠르게 변하는 세상
바늘 시계 디지털시계
스마트시계 가고
인공지능시계가 눈앞에 있다.

화약발명이 세상을 바꾸고
핵의 등장이 세상을 놀라게 하고
인공지능 인간이
격변의 세상 가져올 날 있으리니

상상 초월 인간에 의한
고속 변화에
인간은 외계인의
운명에 놓일지 모를 일이다.

인생

살아 있음에 감사하자.
삶이 고행이라 하지만
그게 인생 아니던가?

공짜 인생은 없다.
공짜 삶도 없다.
살았으니 움직이고

움직이니 먹어야 하고
먹으니 배출해야 하고
배출하니 또 먹어야 하고….

돌고 도는 게 인생
그게
인생 사는 맛 아닌가?

고향

고향은 어머니의 품
고향이 그리운 건
어머니가 나를 낳아
내가 자라 온 때문이고

고사리 손 마주하며
소꿉놀이 즐기던
순이와 철이 있어
정든 때문은 아닌가?

나이 듦에 어머니 품처럼
아련한 그리움이
체취로 맴도는 고향

추억이 흐르는
자그마한 놀이동산은
세월이 가고 또 가도
꽃으로 남아 있다.

생명의 근원

뿌리는 생명의 근원이다.
뿌리는 삶이 있음이고
근본이 있음이다.
뿌리가 없음은
존재할 수 없다.

인간도 뿌리가 있다.
조상은 뿌리요
나는 줄기요
자식은 가지요
손주는 꽃이니
나 뿌리 됨에
부끄럼 없이 살리니

뿌리 있는 삶
내가 존재함은
나의 조상이 있기 때문임을
잊어서는 안 되겠지.

언행일치

말과 행동
다르게 사는 게 사람
인간은 미완성 작
행동과 언행이 일치하는 사람
그런 사람은 존경의 인물

태어남이 다르고
자라난 환경이 다르니
인격 다름을 어쩌랴!

가벼운 말은 비난을 자초하고
섣부른 행동은 불행을 자초하니
말은 가려하고 행동은 조심 하자

말은 나의 얼굴
행동은 나의 거울
내 이름 석 자는
나의 명예임을 잊지 말자.

돌아보면

돌아보면 걸어온 길
까마득히 멀고
길 위에 흘린 눈물
바다 같구나.

돌아보면 보이는 건
그을린 얼굴
깊어진 주름
성성한 백발뿐이네.

돌아보면 어제가 오늘 같고
오늘이 어제 같고
아픔 쌓인 낙엽처럼
뒤안길엔 어린 새싹 달려와
내 손을 잡는구나.

돌아보면 세상사 아쉬움
하얀 안개 속
그런 세월인 것을….

체력은 국력

대전 천 산책로
정겨운 졸졸 시냇물
물결치는 물고기 자유롭고
새끼 천둥오리 한가하고
백로는 여유롭다.

눈치 보는 해오라기
비둘기 등목욕 신이 났다.
산책로 따라
무리지어 핀 금계화
시나브로 핀 코스모스
바람에 나부낀다.

산책로 오가며
세월 낚는 사람들
걷고 뛰고 자전거 타고
유모차 아기 팔 운동
저 나름 체력다짐
체력은 국력이다.

진실한 사랑

사랑을 말해요.
사랑한다 말해요.
눈빛 주지 말고
말로 하지 말고

나만이 알 수 있게
나만이 느낄 수 있게
진실한 사랑 마음으로 전해줘요.
눈빛 사랑은 진실함이 없어요.

사랑을 말해요.
사랑했다 말해요.
눈짓 하지 말고
말로 하지 말고

나만이 볼 수 있게
나만이 믿을 수 있게
진실한 사랑 가슴으로 전해줘요.
말로 하는 사랑은 믿음이 없어요.

인생은…

가네 가네 우리 인생
구름 따라 강물 따라
하염없이 흘러가네.
인생은 구름 인생은 강물

내 것도 네 것도 아닌 게 인생
허둥대지 말고
기웃대지 말고
남은 인생 바르게 살아가세.

가네 가네 우리 인생
계절 따라 세월 따라
정처 없이 흘러가네.
인생은 계절 인생은 세월

내 탓도 네 탓도 아닌 게 인생
방황하지 말고
후회하지 말고
남은 인생 바르게 살아가세.

허욕

어둠을 지키는 별아
아가의 눈망울
영롱한 별아
숨 가쁜 세월에 마음 띄우고
방긋 웃는 저 별아

고요 속에 잠든 어둠은
시냇물 흐르듯 멀어져 가고
내 마음 바람에 흩날리니
내 갈 곳 그 어디뇨?

가는 세월 잡을 수 없고
오는 세월 막을 수 없으니
인생 남음 무엇인가?

걸어온 길 돌아보고
한 짐 허욕 내려놓으면
부끄럼 없는 삶에 흔적
남기고 갈 것인데….

산 교훈

산을 오르네.
산바람 머리 이고
세월 젊어지고
땀 흘려 오르는 길
욕심 버렸으면
더없이 가벼울 걸

세상 살아오며
세월에 맞서 온 지난 삶
내 분수 내 모른 채
헛되이 보낸 시간
산이 내게 길을 내어 주심은
세월을 비켜 겸손히 살라는
산 교훈은 아니었는지.

물살 헤쳐 오르는 고기들
도전 없는 인생은
이 거친 세상
살아 갈 수 없음이니~.

하늘나리 꽃

호젓한 오솔길에
활짝 나래 펴고
하늘나리 꽃 옹기종기
피어 있네.

인기척도 없는 곳에
제 멋에 겨워
밝은 웃음 머금고
아름답게 피어 있네.

귀여움에 하늘나리 꽃
소녀의 해 맑음으로
살포시 고개 들어
다소곳이 피어있네.

오가다 찾아주는
나비 손길
고마움에 선물
한가득 안겨 주네.

행복의 조건

가진 사람 못 가진 사람
행복을 불행인 듯
불행을 행복인 듯
서로 다른 느낌으로 사는 사람
이게 사람 사는 세상

사노라면 시련도 있으려니
맞섬은 부질이요
쥐고도 모르고
쥐어줘도 놓치는 게 행복이니
행복은 쟁취가 아니고
욕심을 비운 만큼 채워지는 것

과욕은 불행을 자초하고
불행은 삶에 필요악이니
있다 자랑 말고 없다 기죽지 말고
비운 욕심 미련 말고
슬기모아 살아감이
행복의 조건은 아닐는지….

꽃다운 사랑

어둠이 짙게
드리운 밤
수많은 별들
초롱한 눈빛

태양 하나
외로움 속 그 찬란함
그보다 더 빛나고
아름다운 건

별에서 내려 온
소박한 그대의
꽃다운 사랑이
있기 때문일 거야.

2부

너무 돌아보지 마라

항상
뒤를 돌아보면
앞에 놓인 것을
시야에서 놓친다.

<저스틴 심즈>

나 아직

나 여기 있네.
세월 비켜
바쁜 듯 걸어 왔네.
운명의 마차 예순 여 고개
아직 난 여기 서있네.

나 가야 할
가마득히 먼 여정
지나온 발자욱
저마다의 삶의 여로
인생사 새옹지마
우리네 인생

걸음걸음 그림자 인생
공산(空山) 자락에
촛대 바위 되어
내 영혼 새기고
살아 온길 돌아보리,
허상이 될지라도….

무형 자산

사람마다 행복이
먼 곳에 있는 줄로 알고 산다.
내 곁에 있고
내 주위에 있는 것을

행복은 마음먹기에 달려 있는 것
행복은 손에 잡히지 않고
나만이 소유할 수 없는 것
마음속에 있는 게 행복

행복은 쫓지를 말고
욕심 멀리하며 남 탓 말고
내 탓하며 살다보면
내 마음 속에 와 있을 걸

행복은 무형의 자산
기다린다 오는 게 아니고
마음먹기에 달렸으니
이제라도 알고는 살아야지.

철없는 꽃

우거진 숲
바람에 진 낙엽
하늘 창틈 사이 열리고
소나무에 걸린 바람
몸부림치는 한적한 산기슭

때 아닌 이 가을
바른 양지쪽 다래 덤불
숨어 핀 진달래 꽃
측은한 몸짓으로
길 손 반겨 맞는다.

찾은 이 흔적 없고
산새만이 울고 가는
호젓한 숲속에 어이 피어나
가는 가을 아쉬움에
눈물 지어 보이는가?

봄은 아직 멀리 있는데….

뒷모습

꽃은 지고 없다
한 때는 꽃 길 걸어
음주가무 벗 삼더니
지는 꽃은 향기도 없다.

피고 지는 게 꽃 만이랴!
인생도 꽃 같아
때 되면 지는 것을

아름다운 인생
어디 꽃에 비하랴
꽃처럼 피었다 진다한들
꽃에 견주랴!

한번 왔다 가는 인생
기껏 100년인데
남길 것 무엇인가?
지는 꽃이 쓸쓸해 보이 듯
인생의 뒷모습도 그러하겠지….

눈꽃

밤새 새하얀 눈이
나뭇가지에 내려앉아
꽃으로 피었습니다.
때 이른 아침 아기 참새
시침 뗀 그 모습이
너무 귀엽습니다.

가벼이 부는 바람
여린 나무 가지엔
하얀 꽃잎이 날립니다.
산고 없이 핀 꽃이라
향기는 없지만
먹구름 속에 핀 꽃이라
애절함이 묻어납니다.

산고의 아픔이 있는 꽃
그래서 그 꽃이 아름답고
그 향기 더욱
감미로운가 봅니다.

가을 공산

공산에 올랐습니다.
단풍 홀연히 떠난 뒤
황량한 숲속에
떨어진 낙엽 슬피 울고
앙상한 가지 골바람에 떨며
겨울 애써 맞이합니다.

열린 하늘 뜬 구름
덧없이 가고
까마귀 무리 지어
하늘 맴 돌며
낯선 이방인의 방문에
소란스레 우짖습니다.

공산은 저들만의 세상
내 오를 곳 못 되는가,
뒤 보고 또 바라보며
서둘러 저 들에게 자리를
양보해야 할 것 같습니다.

그런 날

조각구름 사이
어스름 초저녁 달 빛
별들 재잘재잘 속삭인다.
바람에 쫓긴 새털구름
휘영청 밝은 달빛

반짝이는 별들의 아우성
귓가에 맴돈다.
비처럼 쏟아지는 유성들
달빛에 부딪혀
바람 같이 사라진다.

저 먼 하늘
신비의 세계
벗기어지는 베일들
달도 발가벗기고
화성도 우주의 신비도
훗날 그런 날 오겠지.

어느 겨울

실바람 불고
눈 내리는 겨울날
오솔길 쌓인 낙엽
눈발은 종종 걸음을 걷는다.

깊은 산의 고요
산새 낙엽 밟는 소리
쓸쓸한 오솔길의 겨울은
깊어만 간다.

근엄하고 정 많은 산
내어 줄줄 받아 줄줄 알던 산
정 그리워 산이 운다.

바람 같이 낙엽 가는 길
눈 내리는 겨울날
계절의 뒷모습 바라보며
괜한 한숨만 산은 짓고 있다.

냉이 부침개

찬바람 맴도는 겨울 들녘
쏟아지는 추위를 먹고
파릇이 자라난 봄 냉이
마중 나와 있다.

일그러진 밭고랑
가을걷이 흔적 즐비한 고랑
향기 머금은 봄 냉이가
나를 반겨 맞는다.

동요 속에 불리어 왔고
우리에겐 너무 익숙한 냉이
냉이 된장찌개에 된장 국
겨울 입맛 돋우는 냉이

오늘 자연에서 얻은
이 냉이로 무얼을 해 먹을까
냉이 부침개에
막걸리 한잔이면 족 하려나?

파도

신 내림 하는 바다
바람에 쫓기는 파도
산머리 부딪히고
모래 벌 핥아 주며
오랜 세월 견뎌 온 바위

산산이 부서지고
일그러진 잔해들 속에
우두커니 버티고 서서
저 하늘 끝 바라본다.

얼마를 더 부대끼고
더 버틸지 몰라도
자연 섭리 어찌하랴.

온 몸으로 막아내며
인고의 세월 견뎌야지
신의 노여움
풀릴 때까지….

여유

기다려도 기다려도
오지 않는
시간이 있습니다.
시계는 쉼 없이 돌고 돌아
그 자리 맴돌지만

지난 삶은 오지도 않고
올 리도 없습니다.
그때 그 시절
우린 그 날이
다시 올 것처럼
꽃밭에 앉아 있지만

시간은 우리를
기다려 주지 않고
여유만 주고 있을 뿐
어떻게 사냐는 건
당신 몫이고
내 몫입니다.

자투리 삶

인생 60 나이테
황혼기
나머지 삶 즐겨 살라는
그런 의미지.
이 시대 인생 60
9988에 60이면 청춘이라
더 일하고 더 살려하고

사는 게 무엇이고
그 의미 무엇인지
즐기고 싶은 것 즐기고
즐겨가며 살면 행복이고
그게 사는 의미

삶에 철학은 없을 지라도
정도를 가며
사는 게 참 삶이라면
이제라도 자투리 삶
꽃길이었으면 좋겠네.

겨울 산

훗날 만남을 기약 하듯
휑한 바람이 잠 든 숲을
애써 깨웁니다.

이맘때면 나뭇가지마다
화려한 왕관 쓰고
겨울 산 자랑하던 눈꽃이
눈 가에 숨어 피었습니다.

긴 침묵
멈춰 선 계곡
산새들 호들갑에
세상 밖으로 나옵니다.

햇살 뒤에 숨어
틈틈이 세월을 엿보던
작은 생명들도 서둘러
봄의 문턱을 넘으려합니다.
겨울은 아직 한밤중인데….

둥지의 새

세월의 매를 견뎌 온
외로이 선 고목나무
상흔이 애처롭습니다.

젊은 호시절 다가고
지금 그 곳엔 어느 산새가
자그마한 둥지 틀고
새끼 오붓 살고 있습니다.

낯 선 발자국소리
놀란 어미 새 우짖고
숨죽인 새끼들 옴츠림이
생명의 감동입니다.

이제 며칠 후면
저 아가 새도 어미 새처럼
산 속 헤집고 날며
그렇게 살아가겠지요.

길 위 인생

우리 가는 길 험 해도
비켜 갈 수 없고
아니 갈 수 없고
쉬어 갈 수 없는
나앉은 길 위에 인생

가야 할 길이고
어차피 나선 길
험하다 두려워 할 것 없고
고달프다 불평할 것 없고
바람에 구름 가듯
세월에 묻어감이 어떠리.

태어났으니 주어진 길
어찌 마다하고 주저앉으리.
도전하는 자가 아름답고
미래를 지배한다 했으니
과감히 도전하는 자
그가 부럽지 아니한가!

겨울 비

밤새 비가 내렸습니다.
목말라 하던 대지는
언 가슴 열어
반겨 맞이합니다.

산골짜기에도
산이 내어 준 빗물이
물길 따라 긴 여정을
시작 했습니다.

겨울의 한복판에서
새하얀 눈을
하염없이 기다리는
식물이 있습니다.

하얀 눈밭에서
언 땅 비집고
해 맑게 피어나고픈
복수초가 말입니다.

등대의 침묵

등대도 숨어버린 바다
춤추는 파도
집시처럼 떠도는
일그러진 잡동사니
갈 곳 잃은 만신창이 부표
아픔 숨겨 춤을 춘다.

바람은 바다를 부추겨
파도를 일구고
성난 파도는 일그러진 세상을
모래 위에 그렸구나.

노여움 가시지 않은
시름 깊은 바다
침묵의 등대
파도는 치고 또 칠지라도
침묵의 그 진실을
바다는 알까?
등대의 침묵을….

몫

개여울 징검다리 건너
산굽이 돌고 돌아
산 새 벗 삼아 오른 산
어깨 짐 벗어 던지고
가쁜 숨 가슴 열어
쌓인 고통 토해 본다.

한 걸음 또 한 걸음
재는 평지 같고
산은 평야 같아
하늘을 나는 기쁨
고비 또 한고비
발끝에 채이니,

인생길 참 험도 하여라.
저 먹을 복 타고나고
제 갈 길 알아 간다지만
아비의 몫은 어쩔 수 없는
그 인생의 수호자.

낙조

하루 또 하루
지는 해 바라보니
밀려오는 설움에
붉혀지는 눈시울
서산을 넘어 가네.

오늘이 어제 같고
어제가 오늘 같은
하루 또 하루
나이 숫자 70인데
마음 숫자 30이네.

바라지 않는 해
동에 떠 오고
하늘 가 매 둔 세월
강물 속에 숨어들어
서해 바다 낙조 되어
구름같이 떠도네.

3부
쉼 터

人生은 세월 따라 흐르고
追憶은 세월 속에 묻히고
故鄕 그리움은 가슴에 머물고
靈魂은 故鄕 동산에 잠든다

<東峰 김은동>

쉼터

이젠 좀 쉬었다 가세.
뛰고 걸어온 길
자네는 아는가.

쉼 없이 세월 따라 오면서
소도 보고 말도 보고
기쁨 슬픔 떠 마시며
그 얼마나 힘든 여정이었나.

이젠 좀 쉬었다 가세
더 가야 할 곳 어디고
갈 길이 그 얼마인지

먼~ 여정에
뭔 말이냐 할지 몰라도
이젠 좀 쉼터에 앉아
돌아가는 세상얘기 나 듣고
장기 훈수 한판 두고 감세.

정상에서

자욱한 안개
눈앞을 가로 질러
오르는 산길에
장막처럼 나선다.

돌부리에 걷어 채이고
조릿대 막아서지만
산새들 모두 나와 안개 쫓아
어서 오라 반긴다.

깊은 계곡 한 모퉁이
산악빙하가
엇 저녁 내린 비에
버티고 앉아

벼랑 끝
낙숫물 받아 마시며
봄소식 전해 달라
눈물로 보챈다.

가을 나그네 1

먼발치 고개 내 밀고
세월을 꼬는 가을 나그네
산골 다랑이 논
골바람 넘실대는 물결
옥구슬 오곡이
가을을 손짓 한다.

고행의 길을 열고
계절 뒤안길의 메밀잠자리
날샌 몸짓 가을이 즐겁다.
그늘받이 작은 초지
고삐 쥔 소나무 그루터기

어미 젖무덤 더듬는 송아지
그 잔등에 가을은 머물러 있다.
호젓한 길 줄지은 코스모스
기차놀이 즐기고
가을 나그네 도포자락
궂은비가 약속하네.

가을 나그네 2

세월의 쪽배는
인적 없는 강나루에서
가을을 낚는
나그네를 기다리고 있다.

파란 하늘
하얀 뭉게구름처럼
여유로워 즐거운 가을
마음 살갑게 가을을 즐기자.

이 가을
나그네 되어
바람같이 구름같이
먼 길 떠나고 나면
몹시 아쉬워 할 터인데….

굴레

자욱한 안개 속
헤치고 달리는 관광버스
고속도로의 가을은
불이 났다.

좁은 공간 무거운 침묵
고요 속에 흐르는
고막 찢는 뽕짝
분위기를 집어 삼킨다.

여기 저기 낯선 얼굴
무표정과 기대 찬 표정
버스 안의 뒤엉킨 선율
틈을 비집고 뛰는 이들

굴레 벗은 자유로움이
저리 행복한 건지
그 모습 보노라니
마음이 찡하다.

노신사

으스스 찬바람 일고
떨어져 짓밟힌 낙엽은
가로등 밑에 도사리고 있다.

빵모자 눌러 쓰고
초겨울 적막함 쓸어가며
힘겨워 하는 노신사

주변의 낯선 풍경에
부산 한 젊은이들
이어폰 귀에 꽂고

수다 떠는 철없는 소녀
애써 외면하고
가는 길 재촉 한다.

한때는 저 노신사도
꿈 많은 시절 있었거늘….

공허

먼 하늘 황금 달빛
가슴 에이는 건들바람
삭정이에 걸려 있다.

쉼 없이 살아온 날들
그늘에 가려진 인고의 세월이
포도 알처럼 맺혀 있다.

가야 할 길 눈에 밟히고
쫓기는 짧은 시간에
가쁜 숨 절로 난다.

지난 날 쌓인 아픔들
세월 속에 묻어 두고
가벼이 갈 순 없을까?

산 너머 홀연히
동행 없이 가는 길에
뉘 나서 내 손 잡아 줄까
황소바람이 가슴에 인다.

부는 바람

솔밭 사이로
봄기운이 흘러나온다.
이른 아침 새들의 노래
메아리로 춤추고
겨울잠 깬 개구리의
기지개 켜는 소리
바위틈에 뒹군다.

양지 바른 언덕
새싹 눈 비비고
볼그레한 아가의 입술처럼
진달래 꽃 봉오리
봄맞이 바쁘다.

세월에 지친 고목
떡갈나무 그루터기
봄은 오나보다.

활짝 핀 구름 꽃이
부는 바람 얼싸안고
춤도 추는구나.

먼 여정

어둠 뒤 하얀 찔레꽃
구름장 사이 아기별
숨바꼭질 신이나
새벽 오는 줄 잊었네.

하늘 떠받든 도심 빌딩
금빛 햇살 어둠 달래고
웃음 잃은 아침이슬
눈물 되어 흐르네.

산비둘기 단잠 깨어
전기 줄에 서서 울고
추녀 밑 참새
먹이 달라 우짖네.

도막난 가로수 토라진 햇살
우듬지에 기대어 졸고
먼 하늘 뭉게구름
어서가자 이르네.

계절

계절의 시작 봄
봄이 오면 꽃 피고
여름이면 자라고

가을이면 열매 맺고
겨울이면 계절의 끝자락
아쉬움에 두 눈 감고
지워진 발자욱 더듬는다.

올 한 해!
긴 듯 짧았던 4계절 속에
나는 무엇으로 살았으며
무엇을 위해 살았는가!

내일을 위해 눈을 감자.
그러고 나면
또 봄은 오리라.

길을 묻다

가야 할 길
내 가야할 길
아직도 저 만치
손닿지 않는 먼 곳에

한발 두발
자욱 난 발걸음
짓눌린 어깨 한 가득
삶의 무게

나 서 있는 곳
내가 머물던 자리
삶에 흔적 지우고
홀가분한 마음으로
세월 따라 나서야지.

어둠에 찢겨진 천지
소름 돋는 찬바람

세월은 잠 깨어
강물에 길을 묻는다.

제주 바다

바다 끝 맞닿은 하늘
까마득히 먼 수평선
물보라 날리며
달려드는 성난 파도
밀려오고 밀려가고

배를 드러낸 조가비
처절한 모습 그 슬픔
파도에 묻히고 바람에 날리고
바다 내음 가슴을 저민다.

흩어지는 시선들
파도 위 갈매기 같이
취한 사랑에 너 좋고 나 좋고
셀카에 주어 담는 추억
젊은 연인들 달콤한 한때
그 모습이
그저 정겨울 뿐이다.

착시(錯視)

지구는 둥글다.
나 서 있는 이곳이
아득한 수평선이고
지평선 최고봉이
에베레스트 산일지라도
지구의 일부일 뿐

나의 존재를 자랑할 것 없다.
지구 한 구석에
홀로 선 내 존재를
자랑하고 난 체 한들
수십억 인구 중 하나일 뿐이고

거대 지구 속의
작은 생명체일 뿐인데
잊지 말자.
가끔씩 우리는
내 분수 모르고
착시 속에 살 때 있으니….

내 멋에 산다

고풍스럽던 한 세대
신풍에 무너지고
다양하고 다변화하는
세상에 서 있다.

한 때는 나팔바지 미니스커트
청바지 장발머리에 폼 잡던
그런 시절 있었는데….

세월 가고 나이 듦에
고풍은 한 시대의 탈바꿈
호랑이 담배피던 때
세월 흐름을 뉘 나서 막으리.

"맹물에 조약돌을 삶아 먹어도
제 멋에 산다."는 속담.
마음에 새기며
살아감이 현명할 터다.

산행

좁은 등산로
힘들면 쉬어 가도록
육각정 쉼터 있고 벤치 있고
봄볕사이 찔레나무
살포시 눈뜬 생명이 있고

비탈진 산기슭엔
물줄기 여정을 논하며
골짜기 바위틈 잔설을 깨운다.

여기저기 나무숲 누비며
재잘대는 산새들
낯 설움 없는 맞음이 반갑다.

발 길 닿는 곳곳
공들여 쌓아올린 돌 탑
골바람 다람쥐 쉬어 가고
나도 돌 하나 얹고 쉬어가리.

땅거미

푸른 하늘을 거머쥐고
땅거미 내려
저만큼에서
어둠이 밀려온다.

초저녁 반달은
어둠 밟고 중천에 와 있고
총총 별들
오순도순 얘기 꽃
밤을 지키고 있다.

언제나 맞는 밤이지만
어둠이 싫지 않은 건
찌든 삶을 잊게 하고
세상을 잠시 돌아 볼
여유를 주기 때문이지….

까치 우더니

아침 해 떠 오른 날
하얀 민들레 보도블럭 틈새
자리 펴 앉았네.

이마 위 전주 끝 홀로앉아
가슴으로 우는 새
까치의 애절함이 가슴에 닿네.

카톡이 울리네.
반가운 소식 일까 했더니
60여 성상 같이한 친구가
세상 떴다 전하네.

못 다한 짧은 삶
안타까운 부음에
간밤 달도 눈물에 젖어
바람 손 부여잡고 슬피 우더라.
앞 냇물도 숨어 우더라.
잘 가게나! 이 친구야!

망주봉 이야기

— 선유도 여행에서

모랫 바람 널뛰는 파도
새벽잠 깬 아침 해
속 깊은 바다 그 파도 밀치고
망주봉 기암절벽 성큼 올라
기염 토하며 정상에 우뚝 서서
보내는 희망 메시지

임금님을 기다리다
바위산이 되었다는 망주봉
님 향한 그리움이 하도 애절해
그 모습이 천년 바위 되었는가?
아직도 북을 향해
조아려 기다리는 듯하여라.

세월은 또 가는데
명사십리 백사장 모랫벌은
망주봉의 깊은 뜻 어이 하고서
밀리고 밀리는 거친 파도에
이다지도 태평할 거나?

물길 따라

— 대청댐에서

가고 싶다.
거닐던 그 물길 따라
끝없이 가고 싶다.

태고 적부터 흐르던 강물
그 마디 잘라
흙 덮어 둑을 쌓고
나는 가리라 또 넘으리라.

가다 넘어 지고
부딪혀 엎어 질 지라도
내 어이 멈춰 설 손가?

자연의 진리 더듬으며
나는 가리라,
또 넘으리라,
쉼 없이 물길을 따라….

4부

부처님 말씀

생각을 한 곳에 모아
욕심이 동하게 하지 말고
뜨거운 쇳덩이를
입에 머금고
목이 타는 괴로움을
스스로 만들지 말라.

<법구경>

천년수(은행나무)

— 천연기념물 365호

만고풍상 견디며
세월 같이 걸어온 천년수
진악산 자락
우람하고 장엄한 은행나무
보석사를 지키고 있다.

보석사와 함께(886년 무렵)
천년을 살아 왔을 은행나무
나라의 안위가 위태로울 때면
소리 내어 울었다는
마을의 수호신

진악산 기둥이고
고장의 자랑
오늘도 천년수는
세상을 굽어보며
마을과 나라의 안위를
걱정하는 듯하다.

노년(老年)

살랑 바람 가녀린 몸짓
아장걸음 버들가지
티 없는 아가의 마음
담장 끝에 턱 괴고
울 넘어 미소 짓는 장미꽃
청순한 사춘기 소녀

도심의 가로수
목련 꽃 조명등
꿈 많은 소녀
대청호반 즐비한 벚꽃
몽울몽울 맺어 핀 꽃은
해방 된 아낙의 마음

푸르른 날 해는 지는데
밀려오는 세월의 아픔
오랄 데 없는 이
한 잔 술로 마음 달래는
꼽추 같은 老年.

보석사 길

— 금산 보석사

발 딛고 서면
한 눈에 드는 보석사 일주문
왼쪽엔 왜군과 싸우다 전사한
영규대사의 흔적
의병승장비가 용맹스럽다.

쭉 뻗은 길 운치 넘치고
하늘을 떠받치며 살아온
즐비한 아름드리 전나무 숲엔
나무 등 타던 다람쥐
지쳐 내려와 겸연쩍은 듯
손 모아 재롱을 떤다.

장고의 세월
침묵 속에 숨 가삐 흐르는
진악산 계곡 가는 물줄기
산사 스님의 독경소리에
조상의 기개가 살아나니
가슴이 숙연하다.

깨우침

달 빛 덩그러히 쟁반 위에 올려놓고
별들 모인 별자리 너 나 같이 노닥이네.

어둠 속 담장 밑에 귀뚜리 울음 울고
풀벌레 노래 소리 멀리선 듯 들려오네.

어둠 덮인 하늘에 북두칠성 나침반
외로이 나는 백로 가는 곳 어드메뇨.

흐르는 저 시냇물 덧없이 가는 세월
검은 머린 흰머리 골진 주름 서럽네.

세월의 무상함에 회한서린 인생아,
늦음도 이름이니 깨우쳐 살아가세.

선(善)

호박 같은 세상에
둥글둥글 살면 되지.
둥근 지구처럼 인생 지구 같고
삶도 지구 같은 것을

인간 본성 선(善)함이나
험한 삶에 본성도 변하니
그게 사람 사는 세상이고
세상 이치인 걸

나 혼자 선하게 살고
인간답게 살면 뭣하랴 만
나 하나의 마음가짐
세상을 변하게 하느니

하나 또 하나가 둘이 되고
나 무시되면 너 또한 무시됨을
모르고 사는 이 없건마는….

꽃 춤

겨울 끝자락
꽃샘바람 몸부림
벚나무 가지 끝

무성한 꽃봉오리
이슬같이 맺혔더니
간밤 어둠에 몰래 피었다.

하늘 저쪽 흰 구름 사이
화사하게 쏟아지는 봄볕
분주히 꽃술 넘나드는 꿀벌

살랑 봄바람에
꽃잎은 새하얀 나래 달고
구름같이 하늘을 난다.

벚꽃 향연

벚꽃 만발한 신작로엔
등불을 켠 듯
화려하고
휘황찬란함 가득하다.

곳곳엔 차들 줄 잇고
그 사이사이엔
연인끼리 가족끼리
끼리끼리 어울려

놓을 수 없는 순간을
아름다운 오늘의 추억을
카메라에 스마트폰에
쌓아 두기 바쁘다.

이 벚꽃이 지고
이 향연이 끝나고 나면
아쉬움만 남긴 채
봄은 또 멀어질 테니….

화무는 십일홍

초저녁 봄비가
대지의 목마름 달래며
소녀의 눈물같이
창가에 흘러내린다.

따사함에 서둘러 왔다.
싸늘 바람에 움츠렸던
새 싹들 반겨 고개 들고
하늘 향해 긴 팔을 뻗는다.

꽃샘추위 이겨내며
화려히 봄 맞은 벚꽃
봄비 따라
꽃비로 내린다.

화무는 십일홍이요
달도차 면 기운다던가
꽃은 피면 지는 것이고
인생도 나면 가는 것인데….

마음은 청춘

벚꽃 활짝
웃음 띤 얼굴에
봄비 밤새
짓궂게 내리더니
꽃비 물결
호반 길에 넘실댄다.

따사한 햇살 품고
단아히 앉아
즐거웠던 한 때의 꿈을
세월에 띄우며
쓸쓸히 지는 꽃잎

봄이면 피고 지는
벚꽃 이련만
매 년
느낌이 남 다른 건
마음은 청춘
늙어감 때문이겠지.

베스

대청호수 잔잔히 이는 여울
뾰족 고개든 찌가
나불나불 깝죽댄다.

산새 들새 짖어 우는 호숫가
외로운 강태공
술 잔 들며 세월을 낚는다.

깊은 물속 뉘 알랴만
보는 듯이 던져 놓은 미끼
생사가 걸린 생명들
낚기는 놈이야 어차피
운 없는 놈

루어 미끼에 걸린 놈처럼
운이 없을까?
차라리 지렁이 미끼에 걸린 놈은
입맛이라도 다신 놈이니
운 좋은 놈이지….

일각이 여삼추

쫓기는 세월 그 바람에
조각구름 덧없이 떠돌고
하 세월에 할릴 없는 이

남 탓 조상 탓 무사분주하고
모진 삶에 얽매인 이
생과의 싸움에 동분서주하고

이런 저런 이 많고 많은 이
일각이 여삼추요
여삼추가 일각이니

서로 다른 사람끼리
서로 다른 인생길을
어찌 모두 무사평안
행복 누려 살다 가리.

진달래 꽃

고즈넉한 산
활짝 핀 꽃 진달래
보면 볼수록 정겨운 꽃

어릴 적 소꿉동무와
보릿고개 허기 달래며
꽃가지 꺾어 화병에 꽂고
좋아하던 때

그 때 그 시절이
이토록 그리운 추억으로
요동치는 건

그래도 내가
아직 살아 있음이고
생각할 수 있음이리라.

긴 이별

드높은 하늘
한 점 조각구름
얼굴 묻고 세월없이 떠간다.

너울 바람 일렁이는 바다
찢겨진 돛에 매어 가는 배
뛰는 가슴 파도에 묻혀
가마득히 멀어져 간다.

만남 뒤에 이별
이별 뒤에 만남
고비 고비 살아온 삶
세월은 숨바꼭질
우리 사는 세상

긴 이별 예고된 삶이지만
만남이 마냥 아쉬운 건
못 다한 삶의 상흔 때문
그걸 모르고 사는 이 없는데….

돌고 도는 세상

따스한 봄 날
햇살 머금고
태어난 여린 생명이
여름 날
온갖 시련 극복하며
듬직이도 자랐더니

가을 어느 날
소슬바람에 지는 낙엽
세월 그렇게 흘러
강물인 듯 훌쩍 가버리고
이별을 준비하네.

이제 겨울 오면
새 생명 잉태 위해
그 삶 아니 간 듯 가리니
너도 나도 낙엽처럼
있는 듯 홀연히 떠남은
새 생명을 얻기 위함은 아닌지.

으름 열매

살자고 살자하며
나무 등 타는
으름덩굴이 있다.
한 짐 짊어진 나무야
살들 죽든
저만 살겠다는 건지

염치는 버린 지 오래
분홍 꽃피워 벌들 호리고
새들은 으름덩굴 뒤에 숨어
목청 높여 재잘댄다.

세월 가 가을이면
얽힌 으름덩굴 가지엔
송이송이 으름 열매
하얀 속살 드러내고
산 사람 기다리며
허기진 배 채워주고
주린 향수 달래주겠지.

아픔으로…

이슬비의 몸부림
덴 바람에 텃새 갈 곳 잃어
둥지 밖 난간 잡고
엉거주춤 지져 댄다.

가을은 벌써 언덕에 올라
지는 노을 바라보며
세월 강에 더위 달래고
한발 지긋 다가온다.

자연의 흐름
꽃피고 지던 초록 숲
하나 둘 낙엽 되어
되돌아가는 길

머잖은 곳 그 떠남이
이다지 아픔으로 남는 건
우리도 언젠가
떠남을 알기 때문일 거야.

머잖은 날

생각이 없으면
미래도 없다.
천리 길도
한 걸음부터라는데

생각 없는, 덧없는 삶에
밝은 미래 어이 바라고
오늘 삶이 무슨 의미 있으랴!

꿈이 있는 자 꿈을 이루고
노력하는 자 얻을 수 있고
목적 있는 자 이룰 수 있듯

한 술에 배부르길 바라지 말고
산을 오르듯, 한 걸음
또 한 걸음 오르다 보면
머잖은 날 하늘 맞닿은 곳에
너는 서서 희망을 보리니….

매실의 미(味)

— 당진시 대호지면 도이리

탐스럽게 익어가는 매실
생각만 해도 침이 고이고
지긋 눈살 감기는 맛
처음 보는 매실나무
시원한 차 한 잔에
또 한 잔에 술

지금이야 흔하디흔하지만
40여 년 전 그 때엔
귀 하디 귀한 과일
옛날 임금님께 진상했다는
그 매실이

이젠 우리 식탁에
빼 놓을 수 없는 먹거리로
자리매김하고 있음이니
그렇겠다 싶은 진미의 맛!

순리

꽃도 피고 지고
인생도 오고 가고
생명은 자연에서 태어나
오로지 자연으로 돌아감은
자연 현상이요 순리다.

꽃이 미와 향기 주고 가는데
아쉬움 없을 수 없고
인생 왔다 짧은 생 살다 감에
서러움 없지 않으리.

너른 세상 태어난 한 생명체
고귀한 삶 살다 감은
축복이요 행복이니

떠나고 보냄이 아쉽고 섧다한들
아니 갈 수 없음이고
가면 새로움 또 올 것이니
어이 주저하리.

희로애락(喜怒哀樂)

바람결에
마음을 띄우고
흐르는 저 강물에
인생을 띄운다.

바람같이
강물같이
덧없이 흐르는
세월 속에

너도 나도
우리 모두
인생을 맡기고
살아가고 있음이니

기쁘고
슬퍼도
세월에 기대어
살아갈 수밖에….

5부

의(義)

사람이
사람으로서 지켜야 할 도리가 있고
정의를 위해 나아가는 기개가 있어
옳은 일에는 비겁함 없이 나서야 하느니~

또한 사람으로서 정도를 행하노라면
하고자 하는 일 반드시 성취할 것이며
백성은 우러러 따를 것이니~

<東峰 김은동>

의(義)

— 울 厘淵에게 바라며

새 꿈 새 희망
태양 빛이 해 맑게 웃는다.

미지의 공간에서 강한 의지로
험난함 헤쳐 갈 수 있게
강(康, 剛)함을 익혔으니

드넓은 세상 강물 유유히 흐르듯
타고난 재능 갈고 닦아
큰 뜻 펼치고

의(義)롭고 인성(人性)바른
어진 사람 되길 바라며
희망에 새 빛 맞으니
시월의 가을 하늘 넓고 또 드높다.

바라노니
활짝 열린 널 푸른 하늘에
품은 뜻 고이 나래 펴고
그 빛, 세상 환히 밝혀주길….

세월

세월은 여류 같아
다시 돌아올 수 없는 길을
쉼 없이 간다.

그 세월에 매달린 나
거친 몸부림으로
죽기 살기 살아간다.

오래지 않는 세월
희희낙락 경거망동 한 내 삶이
회한의 구름 되어 날리니

나 이제 늙어
뜬 구름 속에 세월 보내며
오래 머물길 바라니
이를 내 어이 하리.

공행공반(空行空返)이라
행함이 없으면 소득도 없거늘….

고목(枯木)

고목나무 그루터기
뭉게뭉게 구름 꽃
한가득 피어 있네.

살다 감이 생명인데
죽어 또 살아
구름 꽃 저리 피었네.

천년을 살자 하고
생명 나눔 하면서
푸른 숲 이루더니

그래도 주검 뒤에
새 삶 얻어
세상 함께 하는구나.

시냇가에서

저 산 너머로
붉은 노을 넘어지고
시냇가엔 게슴츠레
어둠이 드리워온다.

서둘러 둥지 찾아가는
어미 청둥오리
올망졸망 뒤 따르는
깜찍한 새끼오리

어둠 뚫고 흐르는
도심의 맑은 시냇물
그 시원함에
별빛 내려 발 담그고

자던 바람도
갯가에 나와
구름 소매 붙잡고
쉬어가라 이른다.

똑딱선

파도 바위에 앉아 우네.
갈매기도 따라 우네.
수평선 아득히
뜬구름 속에

바람 몸부림쳐 우네.
외딴 섬 언덕에 홀로
어둠 뚫고 불 밝히던
등대도 울고 있네.

아빠를 기다리다
엄마를 기다리다
지쳐 울던 아기는
쓰러져 잠이 들고

똑딱선 떠난 항구
주인 잃은 빈자리
먼 하늘 바라보며
고동도 슬피 우네.

빈 손

가진 것 없다.
실망 할 것 없고
기죽어 살 것 없다.

가진 자 못 가진 자
하루 삶은
거기가 거기

하늘을 짊어지고
부대끼며 사는 삶에
삼시세끼 허기 채우고

갈 때는 너나 나나
모두가 빈 털털이
모두가 빈 손.

가을 문턱

찌는 열대야
이마에 흐르는 땀방울
저 만큼에 입추(立秋)는
아직 서 있는데

어느새
울 밑에선
애달피 귀뚜라미
울어댄다.

더위에 지쳐
스러진 별들
달빛 그늘에
땀방울 식히며

한여름의 밤은
가을 문턱 넘어
고요의 늪으로
빨려 들어간다.

바램

저만 할까 호수인들
그만 할까 별빛인들
이만 할까 달빛인들
잠든 모습 그렇고
옹알 임 그렇고
웃는 모습 그렇고.

나만이 가진 것도
나만이 그런 것도 아닌데~
나만이 가지고
나만의 느낌처럼 푹 빠져서

눈앞의 현실
주옥같은
손주 놈 바라보며
다 그러하듯
그렇게 바라겠지
인성 바른 놈 되라고~.

배냇짓

방긋 해 맑게 웃는다.
밝은 해 같이
금방이라도 울 것처럼
입을 삐죽 거린다.
구름 속 달 같이

행여 단잠 깰까 토닥인다.
새근새근 꿀잠에 빠졌다.
아무 일도 없었던 것처럼
하늘이 푸르다.
한 점 뭉게구름
바람타고 홍이 났다.

창문 너머로 황금 햇살이
웃음 띠고 들여 다 본다.
천진스런 아가의 모습에
갈 길 잊고
햇살이 멈춰 서 있다.

먹구름 속에

먹구름 속에 천둥은
숨어 울고
몰아치는 비바람
숨 가삐 달려오네.

담장에 엎드려 잠든
샛노란 호박꽃
활짝 미소 오간 데 없고
수심 한 가득 눈물뿐이네.

향기의 유혹에
꽃잎에 기대앉은 호박벌
까만 먹구름 바라보며
천둥 멎길 기도하네.

거북바위

— 대천 죽도에서

바로 지척에
넓은 바다를 두고
돌아가지 못하는
거북이 있다.

어쩌다 뭇에 올라
돌아가지 못하는
돌아갈 수 없는
그런 몸이 되었나?

백년을 바다에 살다
그 수명 다하여
천년을 살고파
그리 바위 되었나.

오늘도 치는 파도
먼 바다 바라보며
저 홀로 외로이
언덕에 앉아 있다.

내 갈 길

산기슭마다
널브러진 낙엽
간밤 찬 이슬에
설움 맺힌 눈시울
가슴 젖어 있다.

가을의 꽃
길가의 노란 들국화
그윽한 향기 담아
눈물 머금고
가을 하늘 거닌다.

으스스 이는 바람
채 떠나지 못한 낙엽들
나뭇가지 애써 잡고
갈바람에 묻는다
내 갈 길을….

길목

손잡고 나란히
처음처럼 출발점에 선
수레바퀴
세월의 끈에 묶여
끝 모를 길을 끌려간다.

시련과 아픔 속에
잠시잠간 행복 즐기며
나의 길 걸어왔다
찌든 삶 가슴에 묻어가며
그 많은 날을
수레에 매어 끌려왔다.

가마득히 멀어진 추억들
하나하나 고이 접어
주름사이 다리 놓고
황혼의 길목에서
나의 생 돌아보며
회심의 미소 지어 본다.

그리움

하얗게 밤 지새는
둥근 보름달
머나먼 그곳
희미한 달빛에 그려진
토끼 한 쌍 다정스럽다.

어둠에 숨어 소쩍새 울고
밤 지샌 부엉이
지쳐 잠든 고향 마을
고즈넉한 숲 속
괜한 왜바람의 몸부림

세상 부러움에
보름 달 우러러 보며
여린 손 모아
소원 빌던 어린 시절.

잊은 적 없고 잊힐 리 없고
그리움 그리움이
유성처럼 하늘을 난다.

나는

뚜벅 뚜벅 가는 길
험하고 힘겨울 지라도
벼랑바위 오르듯
나는 가련다.

우아한 날개 짓
높고 드넓은 하늘 길
멀고 지루할지라도
달빛 타고 오르듯
나는 가련다.

쉼도 잊은 채
뚜벅뚜벅 걸어 온 길
마지막 나의 길일지라도
나는 가련다.

미련 없이 후회 없이
미지의 하늘 끝 향하여
나는….

366일 첫날

하루하루
일 년 열두 달 365일
월력의 년 중 일정들
일요일 공휴일 국경일
입춘에서 대한까지
이십사절기

그도 부족해
집안 대소사며
가족 생일들
년 중 모임에
덤으로 해야 할 일까지

한가득 접시에 담아내도
넘쳐 나는 하루
한 장의 월력이 무색한
새해 일월 초하루
366일 첫날.

누리

새벽어둠 가시고
열린 하늘 틈으로
태양 빛 용트림에
천지는 고요에서 깨었다.

무생의 기원처럼
어둠을 뚫고 발한 빛은
뭍 생명 숨 트게 하고
온 누리 빛나게 했다.

세상을 보듬고
자연을 있게 하고
생명을 잇는 존재로의
빛이 되는 태양

우리 있음은 그 때문이고
우리 살아감도 그 때문이니
태양이 구름에 가린들
빛남마저 가리랴.

샘터

뒤뜰엔
어머니 아끼던 장독대 있고
노간주나무 가시울타리
곱게 쌓아 올린 돌담 밑
숱한 날 우리형님 고생 끝자락
열 두자 우물 있었지.

비가 오나 눈이 오나
물동이 머리 이고
물 긷던 어머니
이웃집 물지게 빌어
물 통 채워 나르던 나
그런 때 있었지.

정겨움 가득했던 샘터
지워진 추억이 새록새록
되 살아 나는 건
어머니의 그리움을
지울 수 없기 때문이겠지….

블루벨리

알알이 익어가는
검붉은 블루베리
새콤달콤 그 맛에 취해
길 고양이 그늘에
배 깔고 앉아
주인 행세하고

직박구리 날아들어
눈치 보며 틈틈이 따 먹고
귀염둥이 우리 손주
검지 손 내 저으며
저 따 달라 보챈다.

아가야!
이제 6월 갔으니
내년 6월 이 즈음엔
너, 재들 같이 따 먹으련~.

6부

공(功)

功은 꽃(花)과 같고
德은 山과 같다
꽃(花)은 피어 빛나고
山은 우러러 보이나니
德을
쌓아 가노라면
功은 가히
꽃(花)이 되리니~

<東峰 김은동>

공(功)

— 울 施盱에게 바라며

햇빛 쏟아지는
따스한 3월 봄날
아지랑이 물결 타고
혜성은 다가왔다.

오라 손짓하던
마음의 바램대로
우리 곁에
다소곳이

자그마한 생명 하나
한 겨울 견디어 왔으니
봄 맞아 트는 싹이
어이 기특하지 않으리.

신비의 자연 세계
무리 속에 핀 새 싹 하나
터 위에 德을 쌓고
그 위에 功을 세우길~.

행운아(幸運兒)

저 넓은 하늘
머문 듯 가는 구름
머물 곳 찾아
정처 없이 떠가는
구름 나그네

바람은 쉬어가도
이 넓은 세상
머물 수 없는 구름아
저 하늘 떠도는 구름이
저리도 애달파 보이는 건

내가 이 세상에
태어나 존재하고
머물러 있음이니
부모님께 이 행운 주심에
감사해야지~.

귀감

태양은 빛남이고
달은 밝음이니
앞 냇물 흐름을

어이 막고 거스르며
세월 감을
뉘라서 막으랴.

우리 태어나 살다 감이
인생 일진데
기왕 살 삶이라면

시냇물 흐르듯
그릇됨 없이 귀감 되게
살다 가야지.

동안(童顔)

엄마의 가슴인 듯
쉼 없이 손가락 빨아대며
곤히 잠든 손주 놈 바라보며
그저 웃지요.

품에 안겨 놀아 달라
떼쓰고 보채어도
그 모습 귀여움에
그저 웃지요.

봄 여름 가을 겨울
다시 또 봄날
담장 위 능소화
늘어지게 피는데

서쪽하늘 지는 노을
무심코 바라보며
빛바랜 황혼에
그만~ 그만 울지요.

고향 새

고향 하늘 바라보며 그리는 울 어머니
웅석받이 철부지 젖 물려 달래시며
개울건너 앞산자락 한숨 고개 넘으시던
검게 탄 그 얼굴 내 어이 잊으리.
지금쯤 그 앞산엔 뻐꾹새 슬피 울겠네.

꿈에라도 보고 싶은 그리운 울 어머니
웅석받이 어리광 어르고 달래시며
허리 끈 졸라매고 눈물 고개 넘으시던
땀에 젖은 무명적삼 내 어이 잊으리.
지금쯤 그 숲속엔 구구새 슬피 울겠네.

마음에 눈

새해 아침
황홀히 빛나는 태양
해 맑은 미소가
올 한해 나에게
행운을 줄 것만 같다.

언제나처럼 맞이하는
새 해 새 아침이지만
새로움으로 다가오는 건
눈 아닌 마음으로
느끼기 때문은 아닌지

보는 눈을 갖기 보다는
느낄 줄 아는 마음이
더 소중하고 아름다운 것

마음으로 느낌이 없으면
눈으로는 옳고 바르게

세상을 볼 수 없음이니

마음에 눈이라 하지 않는가?

들꽃

언제 보아도 들꽃은
우리에겐 신비함이다.
가르침도 없고
보살핌도 없고
지켜보고 즐길 뿐인데….

아름다움에 황홀함에
어르고 쓰다듬고
애정 표현 거칠어도
싫다 할 줄 모르고
그저 반겨 맞을 뿐

긴 겨울 견뎌 봄마다 피는
아름다운 들꽃을 보며
즐겨하는 이들
올해도 또 다시 감사하자
자연의 섭리라 치부 말고….

아욱 꽃

진종일
내리는 빗속에
앙증스러운 아욱 꽃이
함초롬히 피어 있다.

한 방울 한 방울
세찬 빗방울
일그러진 꽃잎
힘겨운 모습으로
애써 버티고 있다.

대청 땜 초소에서
얻어다 심은 한 포기
아욱 꽃
제법 많이 피었다
내년에는 길목에 심어
오가는 이들의
아름다움 되게 해야지….

민들레 꽃

불판같이 달궈진
아스팔트 길
비좁은 틈 사이로
어이 뿌리 내리고
민들레꽃 노랗게 피었네.

바삐 오가는 사람들 사이
척박한 아스팔트 위
어쩌다 저 곳에
뿌리 내리고 앉아
예쁜 꽃 그리 피었는가.

끈질긴 생명력
왼 시름 이겨내고
하얀 깃털 이고 서 있으니
저 멀리 날려 보내라,
하늘 끝까지 날아올라라.

망초 꽃

한적한 길가에
널브러져 핀
하얀 망초 꽃

아장걸음 울 아기
망초 꽃 한줌 꺾어
엄마 품에 안겨 준다.

귀할 것도 없고
보잘 것도 없는 꽃
업신여겨온 꽃

앙증맞은 손에
한 줌 망초 꽃은
백만 송이 장미꽃보다

더 아름답고
더 향기롭고
더 소중하구나.

구절초 꽃

옥천 가는 길 비탈에
주절주절 가지마다
구절초 꽃 피었네.

엇그젠 연분홍 꽃이더니
나 모르게 어느새
새 하얀 꽃 되었네.

여인의 일생
한 도막 꽃다운 시절
그런 삶처럼…

깊어가는 가을
저 구절초 꽃 질 때면
이 가을 다가고

여인의 그림자도
하얘진 꽃처럼
계절 따라 가겠지.

숲 속의 하루

산새 우짖어
골바람 잠재우고
도심 찾아 울던 매미
숲 속에 끼어들어
적막을 깨운다.

숲 속을 빛낸 하늘
하늘 보기 부끄러워
그늘 뒤에 숨어 핀
말나리 꽃 달려 나온다.

고요 할 것 같은
고요하지 않은 산
수많은 생명이 살고
살아가는 숲 속의 하루
그렇게 많은 생명을 품고
산은 가쁜 숨을 쉬고 있다.

꿈꾸는 자

새가 부러운 건
날개가 없기 때문이네.
어릴 적 우리는 하늘을 나는
꿈을 꾸지 않았나,
날고 싶은 게 나 뿐이었겠나.

인간 마음 그러하기에
꿈의 실현 위해 비행기 만들고
우주선 만들어 달나라 가고
머잖아서 우주에서 살아 갈 날이
아니 오리라 뉘 장담하겠나.

해빙에 쫓기는 지구
인구에 쫓기는 자원
이런 현실에 미래의 땅은
우주일지도 모를 일이지.

미래는 꿈꾸는 자의 몫이라던가?
미래를 꿈꾸는 자가
우주를 정복할 수 있을 걸세.

길

길을 걷는다.
애초 길은 없었다.
길은 만들어 가는 창조다.

밤새 수북이 내린 눈
험준한 그 산길을
누군가 걸어갔다.

새로움은 없지만
놓인 발자국 따라
한발 한발 뒤 밟아간다.

내 발자국 위를
다른 누군가는
또 밟아서 올 게다.

걸어가고 오다 보면
길은 만들어질게다
그 발자국 따라….

내일

내일은 나에게도 당신에게도
평등한 공간이다.
내일을 어떻게 바라보고 생각하고
미래를 어떻게 설계 하냐는
나름의 선택이다.

내일은 미래고 희망이다.
내일이 없다면 나는 무엇을 할 것이며
무엇을 하고 있을 것인가.
당신은 또 무엇을 할 것이며
무엇을 하고 있을 것인가.

내일은 누구나 평등할지 몰라도
마냥 미래일 수 없고 희망일 수 없으니
오늘을 바로 보고 내일을 생각하며
미래를 설계함이 오늘을 사는 의미요
내일을 밝힐 등불이며
희망이 아니겠는가!

미래의 가치

물을 얻으려거든
비를 기다리지 말고
우물을 파라.

노력은 결과가 말하는 것
노력 없이 얻어지는 것은
허상뿐이니

노력은
미래를 위한 투자요
미래의 가치이며

노력의 대가는
땀에 대한 보답이요
삶에 보람이니….

도라지 꽃 1

호젓한 오솔길
발길도 끈긴 곳에
보랏빛 꽃을 든 소녀
외로이 있네.

오가는 이 눈길 없어도
나뭇잎에 얼굴을 묻고
다소곳이
그렇게 있네.

녹음 드리운 산
싱그러움 분칠한
보랏빛 얼굴
청순한 이미지 도라지꽃

그 옛날 소쩍새 우는 밤
우리 가족 둘러 앉아
도라지껍질 벗기던
그런 때 있었는데….

도라지 꽃 2

보랏빛 꽃
무더운 찜통더위
목마름 달래며
옥상 텃밭에 앉아
하늘을 보네.

바람 일면 고개 들고
세상 밖 궁거워
귓속말 주고받는 이야기

벌 나비 오가는 속에
깊어 가는 정
짧은 하루 해

고비고비 보릿고개
어렵던 시절
도라지 그 꽃엔
어머니의 희비애환
서려 있는데….

향수

동이 트는 동산에
나 홀로 외로이
서늘바람 마주앉아
부르는 고향노래

파아란 하늘 가
떠가는 뭉게구름
고향 찾아 헤매는
해 질녘 노을

날 저무는 언덕에
나 홀로 쓸쓸히
서늘바람 어깨동무
부르는 고향노래

앞 냇물 잔물결
떠도는 안개 꽃
고향 찾아 헤매는
해 지는 언덕.

머잖은 날

김은동 시집

발 행 일 | 2018년 10월 5일
지 은 이 | 김은동
발 행 인 | 李憲錫
발 행 처 | 오늘의문학사
출판등록 | 제55호(1993년 6월 23일)
주 소 | 대전광역시 동구 대전로867번길 52(한밭오피스텔 401호)
전화번호 | (042)624-2980
팩시밀리 | (042)628-2983
전자우편 | hs2980@hanmail.net
카 페 | cafe.daum.net/gljang(문학사랑 글짱들)
cafe.daum.net/art-i-ma(아트매거진)

공 급 처 | 한국출판협동조합
주문전화 | (070)7119-1752
팩시밀리 | (031)944-8234~6

ISBN 978-89-5669-945-5 03810
값 9,000원

* 이 책은 교보문고에서 eBook(전자책)으로 제작 · 판매합니다.

* 잘못 제작된 책은 바꾸어 드립니다.